經典
少年遊

013

明太祖朱元璋

嚴厲的集權君王

Hongwu Emperor
The Harsh Totalitarian

繪本

故事◎林安德
繪圖◎顧珮仙

元朝末年的某天夜裡，有個男嬰出生了。
他出生時，散發出紅色的強光，
照亮整個房間。
強光不只出現一次，整個夜晚，不停出現，
使得街坊鄰居都以為失火了！
這個男嬰，就是朱元璋。

大環境動盪不安，
百姓都過得很辛苦，
朱元璋一家也不例外。
朱元璋十七歲時，
他的家人、 兄長， 都相繼去世。
朱元璋孤苦又無法自立維生，
只好到皇覺寺出家當和尚。

落髮為僧過了八年，局勢愈來愈不穩定，
戰亂四起，即使是當和尚也不再安全。
廟中有僧人討論要逃走躲避戰爭，
有人則堅持留守皇覺寺。
朱元璋不知該往何處，最後他用占卜，
讓上天決定他的去留。

6

第一次占卜，得出逃難不吉利；第二次占卜，留在皇覺寺的結果還是凶兆。逃難或不逃難下場都不好，怎麼辦？朱元璋靈機一動，占卜是否應加入軍隊對抗元朝？結果是大吉。朱元璋於是下定決心投入抗元的行列。

朱元璋加入了郭子興的軍隊，
慢慢展現出過人的軍事天分。
在抗元的過程中，他陸續獲得了劉基、
徐達、常遇春這些良才猛將的協助，
讓朱元璋的軍隊成為常勝軍，
成為一股強大的抗元勢力。

元朝因為長期的腐敗，
已無力平定戰亂。
各地興起了許多軍閥勢力，
企圖搶奪帝王的寶座。
張士誠、陳友諒、李思齊等人，
都各自據地為王。
因此朱元璋不僅要面對元朝的軍隊，
也要和這些軍閥互相征戰。

朱元璋算準了陳友諒的弱點，全力攻打。接著又斷了張士誠的後援，用二十萬兵力擺平張士誠的勢力。平定南方之後，他轉向北攻，清除了元朝殘餘的兵力。最後出其不意突擊了剩下的軍閥，平定中原，一統天下。

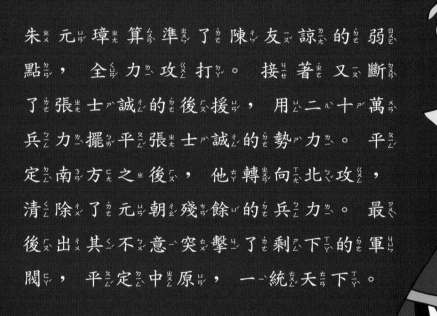

15

16

從投身對抗元朝，
朱元璋歷經十五年終於結束戰亂，
改朝換代，　創建明朝。　起義時，
元軍及各地軍閥都肆意搶奪百姓財物，
甚至濫殺無辜，　導致民間元氣大傷。
朱元璋決定休養生息，　致力於改革朝政。

發放種籽

籽

首先，對於人才錄用部分，
朱元璋不仇視外族，只要有才能者也，
不論漢人、蒙古人或來自外國的色目人，
都加以重用。

又在各州、各縣廣設學校，推廣教育。為了鼓勵大家求學，朱元璋破例連續三年舉辦科舉考試，廣徵人才。第四年後才回復原有科舉制度，每三年舉辦一次科舉考試。

因ㄧㄣ為ㄨㄟˋ之ㄓ前ㄑㄧㄢˊ戰ㄓㄢˋ爭ㄓㄥ時ㄕˊ大ㄉㄚˋ量ㄌㄧㄤˋ徵ㄓㄥ稅ㄕㄨㄟˋ，

讓ㄖㄤˋ百ㄅㄞˇ姓ㄒㄧㄥˋ非ㄈㄟ常ㄔㄤˊ窮ㄑㄩㄥˊ困ㄎㄨㄣˋ，

朱ㄓㄨ元ㄩㄢˊ璋ㄓㄤ決ㄐㄩㄝˊ定ㄉㄧㄥˋ在ㄗㄞˋ建ㄐㄧㄢˋ國ㄍㄨㄛˊ第ㄉㄧˋ一ㄧ年ㄋㄧㄢˊ免ㄇㄧㄢˇ除ㄔㄨˊ百ㄅㄞˇ姓ㄒㄧㄥˋ的ㄉㄜ˙田ㄊㄧㄢˊ租ㄗㄨ，

讓ㄖㄤˋ大ㄉㄚˋ家ㄐㄧㄚ可ㄎㄜˇ以ㄧˇ保ㄅㄠˇ留ㄌㄧㄡˊ自ㄗˋ己ㄐㄧˇ種ㄓㄨㄥˋ植ㄓˊ的ㄉㄜ˙農ㄋㄨㄥˊ作ㄗㄨㄛˋ物ㄨˋ收ㄕㄡ穫ㄏㄨㄛˋ。

而ㄦˊ且ㄑㄧㄝˇ如ㄖㄨˊ果ㄍㄨㄛˇ遇ㄩˋ到ㄉㄠˋ旱ㄏㄢˋ災ㄗㄞ，

第ㄉㄧˋ二ㄦˋ年ㄋㄧㄢˊ一ㄧ樣ㄧㄤˋ可ㄎㄜˇ以ㄧˇ免ㄇㄧㄢˇ繳ㄐㄧㄠˇ田ㄊㄧㄢˊ租ㄗㄨ。

22

朱元璋對人民生活的照顧，更是體恤：
那些在戰亂時成為奴隸的人，可以回復成平民；
官府會提供補助，
照顧孤兒、殘廢、或生重病的人；
家中若有七十歲以上的父母，
在當兵的孩子可有一人不用當兵，
回家侍奉父母。

經過努力改革朝政，並且嚴懲貪官汙吏，明朝在朱元璋的管理下不僅愈來愈富足，也威震鄰國。占城、高麗、烏斯藏、琉球等國家都相繼來向明朝進貢，願意當明朝的臣子，接受明朝的治理。

沒想到就在明朝國力逐漸強大時，
發生了左丞相胡惟庸秘密謀反
推翻朱元璋的案件。
但是朱元璋早一步接獲密告，
及時避免了這一場叛亂。

這一次的叛亂讓朱元璋十分痛心，也非常生氣。參與謀反的臣子，都是他重用且伴隨他打天下的臣子，卻聯合要背叛他。盛怒之下，朱元璋決定將參與謀反的相關官員及部屬都加以問罪，牽連了上千人。

不僅如此，朱元璋決定要對官員實施更嚴密的管理方式。朱元璋規定官員們在朝廷開會時要跪著開會，如有犯錯還要直接在朝廷上被杖打。後來，朱元璋更成立錦衣衛秘密監視官員。

34

進行數年的高壓管理，朱元璋仍不放心，認為一定還有人有陰謀。後來接獲密報，聽說開國功臣藍玉有意造反，朱元璋在沒有仔細查證之下，直接捕捉了藍玉跟相關人員。這次更牽連了上萬人受處決。

歷經這兩次事件，朝廷瀰漫一股人人自危的氣氛。大家都不知道什麼時候會受到密告誣陷，被朱元璋懲罰。因此大家都不敢太積極的處理朝政，讓明朝的政務停滯了一段時間，國力無法更加進步。

晚年，朱元璋因病駕崩。去世前，他立下遺詔，吩咐喪禮不要鋪張浪費，不用長期為國君守喪。國喪期間，百姓還是可以進行嫁娶，不用避諱。這一道命令，充分呈現朱元璋體恤愛民的仁心。

朱元璋在位總共三十一年，
期間非常勤政愛民。 從他推行的政策中，
可以看出他是一位十分替百姓著想的皇帝。
但是對於朝臣謀反的擔憂，
矯枉過正的結果， 又誅殺了不少開國功臣，
讓他成為勤政過度、 十分兩極的君主。

明太祖朱元璋

嚴厲的集權君王

讀本

原典解説◎林安德

明朝的開國皇帝朱元璋來自平民出身，看看是誰幫助他崛起，共同開創了明朝？

TOP PHOTO

明太祖朱元璋（1328 ～ 1398 年）是明朝的開國皇帝，俗稱洪武帝。他是平民出生，經由元末起義與南征北伐，終於建立了明朝。他的一生充滿傳奇色彩，有為了鞏固君權設立了錦衣衛等殘酷的一面，但同時也有節儉、勤政、體恤人民的政策措施，在位期間被稱為「洪武之治」。

朱元璋

相關的人物

湯和

湯和，字鼎臣，是明朝的開國功臣之一。從小和朱元璋就是好朋友，個性謹慎而且聰明。他參加郭子興的農民起義軍時也邀請了朱元璋，之後隨著朱元璋四處征戰。明朝建立後，他選擇急流勇退，不爭功名，受封為「信國公」。

陳友諒是元末大漢政權的建立者。農民戰爭爆發後，他加入紅巾軍，並策畫篡權，自立為王，建國號大漢。由於部下對他奪位的行為深感不滿，於是在戰爭中紛紛倒戈，降服於朱元璋，陳友諒的野心最後還是失敗了。

陳友諒

郭子興

郭子興是反元的民族英雄。他信奉白蓮教，散盡家財以結交江湖好漢，後來響應反元起義，重用朱元璋，並把義女馬氏嫁給他。郭子興去世後，勢力多由朱元璋繼承，是朱元璋崛起的關鍵。朱元璋稱帝後追贈他為滁陽王。

孝慈皇后馬氏，明太祖的妻子，也是郭子興的義女。民間又有「大腳皇后」之稱。她和朱元璋的感情很好，敢於進行勸諫，保全了許多忠臣良將的性命；她善待後宮嬪妃，不使外戚干預政治。她的善良、賢德常讓朱元璋比擬成唐朝的長孫皇后。

馬皇后

劉基

TOP PHOTO

胡惟庸

胡惟庸，任明太祖朱元璋的宰相。早年隨著朱元璋起兵打天下，但在建國之後，與明太祖在政事處理上常有意見分歧。明太祖以懷疑他策畫謀反為理由，誅殺那些建國功臣及他們身邊的親友，共處死三萬多人，這就是歷史上有名的「胡惟庸案」。此後明朝再也沒有宰相這個官職，也讓中國政治制度進一步走向君主專制。

劉基，字伯溫，元末明初軍事家、政治家。受朱元璋聘請擔任謀臣，一方面貢獻兵法方面的才能，對抗陳友諒等人，一方面建議朱元璋自立勢力，並以「大明」為國號來招攬民心。最終輔佐朱元璋開國有功，被封為「誠意伯」。

朱元璋用了一些不人道的手段治國。在這些手段背後，除了他的控制欲，還有對於貪官汙吏的痛恨。

1328 ～ 1344 年

朱元璋出生在一個社會地位低下的窮困農家，排行第四，從小跟著家人四處躲債，以乞討維生。也曾為地主放牛，貧困的童年生活使他沒有機會接受教育。後來一連串的天災奪去了很多人的生命，他的父母親及哥哥也因此而喪命。

童年

1344 年

行童就是供寺院差使的小和尚。這一年，經歷天災人禍而失去大部分家人的朱元璋，由於家裡已經無力扶養，不得已而進入寺廟當行童。兩個月後，寺廟也因為經濟支撐不下去而遣散所有僧侶，朱元璋只好離開家鄉成為遊方僧。

行童

相關的時間

TOP PHOTO

紅巾起義

1351 ～ 1360 年

元朝末年民變不斷，「紅巾軍」就是當時主要的抗元力量。紅巾軍一開始和明教、白蓮教等民間宗教聯合發動起義，以紅旗為精神標誌、頭綁紅色布巾，旨要反抗元末敗壞的綱紀和沉重的賦稅。朱元璋就是接受好友的勸說，加入紅巾軍，開始了他的軍旅生活。左圖為元朝為了鎮壓白蓮教起義的布防圖。

1363 年

元朝末年，朱元璋和陳友諒為了爭奪中國南部，在鄱陽湖這裡進行了決戰，也就是被視為中世紀世界規模最大水戰的「鄱陽湖之戰」。最後朱元璋擊敗了陳友諒，贏得勝利，奠定了平定江南的基礎，成為後來統一全國的有利條件。右圖為明朝以鄱陽湖之戰為題繪製的「鄱陽湖水戰」年畫。

TOP PHOTO

鄱陽湖之戰

1368 ～ 1398 年

洪武之治

明太祖朱元璋在 1368 年時一統天下，建國號明。統治期間，勤於政事，改革了官吏制度、振興經濟、積極推動教育，讓飽受元末動亂的人民得以休養生息。後人於是把明太祖在位期間使當時天下大治的作為稱為洪武之治。

1380 年

胡惟庸案

胡惟庸是明朝開國功臣，官拜宰相。由於他為人獨斷，很多重大事件沒上奏給明太祖就自己裁決，導致朱元璋對他產生猜忌。這一年，明太祖以胡惟庸策謀反叛為由把他和株連的開國臣將處死、抄家，殺戮了三萬多人。這件事之後，中國再也沒有宰相這個官職了。

駕崩

1398 年

這一年，七十一歲的朱元璋在應天皇宮過世，結束了「洪武之治」，也結束了他備受爭議的高壓統治，留下了許多關於這個平民皇帝的街巷傳說。朱元璋死後，和馬皇后一起葬在明孝陵，後人稱他為「高皇帝」，廟裡供奉的名號是「太祖」。

明太祖朱元璋是個勤政愛民的皇帝，他用了哪些方法來治理國家呢？

在各色民間小吃當中，臭豆腐以其獨特口味征服了許多人的味蕾，成為大街小巷中備受喜愛的中國傳統美食。關於它的由來有很多說法，其中一個和朱元璋有關的故事是這樣的：傳說，朱元璋把捨不得吃而放到發霉的豆腐拿去油炸，於是意外發明了臭豆腐。

魚鱗冊是一種土地登記的簿冊，是明朝賦稅制度的重要依據之一。朱元璋在明朝時即下令各州縣編造，在簿冊上把民間的房屋、田地、山林、池塘等依序排列，繪製出如魚鱗一般的地圖，並依據魚鱗冊來管理土地賦稅。

臭豆腐

魚鱗冊

相關的事物

大明寶鈔

TOP PHOTO

大明寶鈔是明朝唯一由官方發行的紙幣，約長 30 公分、寬 20 公分，是世界上面積最大的紙鈔。明初由於缺少銅原料，因此明太祖朱元璋頒布了「鈔法」，以桑皮紙來印製鈔票，並在最上端題了「大明通行寶鈔」六個漢字，以中書省南京的名義發行。左圖為大明通行寶鈔五十文的銅版，中國國家博物館藏。

信訪政策

由於出身在貧苦的農家，朱元璋深知百姓的疾苦。為了能聽見人民的聲音，他制定了「信訪政策」，鼓勵百姓上京來訪面聖，提出怨情和申訴，幫助他一起治理那些貪官汙吏。如果有人試圖攔阻那些來訪的百姓，朱元璋絕不輕易寬恕。

柿子樹

柿子樹是一種落葉喬木，柿子是它的果實，味道很甜，可以製成柿餅、柿子茶，有止咳化痰、維持腸胃健康等功效。朱元璋曾經在快餓死的時候，因為吃了柿子而保住性命。後來他當上皇帝後，積極推行植樹造林政策，被民間稱為「植樹皇帝」。

朝天女

中國的殉葬制度雖然很早就有禁令規範，然而卻阻止不了歷史的代代傳承。明太祖朱元璋就繼承了從元朝又恢復的殉葬風氣，在死時陪葬了約四十個妃嬪和宮女，這些被殺死用來陪葬的婦女稱為「朝天女」，生殉後她們的家屬會得到一定的補貼。

臥碑訓令

明清兩代，從朱元璋開始，皇帝會為學校擬定幾條學生應該遵守的規定，並把這些教條刻在一種橫臥的石碑上，立在學校門口，稱為「臥碑」。意義上很像現代學校為了規範學生的品行而訂定的校規，只不過是由國家統一發布，更有權威性。

錦衣衛

錦衣衛是專門負責皇帝的保全與情報調查機構。明太祖在位時用了許多手段來維護皇帝的權力，例如文字獄、廢除宰相等，還設立錦衣衛作為宮裡的秘密警察。錦衣衛直接聽命於皇帝，不需要司法部門同意就有權力拷打罪犯、執行廷杖。他們無所不在，朝野上下都對他們很害怕。右圖為錦衣衛的象牙令牌，中國北京首都博物館藏。

TOP PHOTO

49

朱元璋從小生活顛沛流離，後來跟隨紅巾軍起義四處征戰，來看看哪些地方有他的足跡吧！

江蘇盱眙縣是在秦始皇實行郡縣制度時建縣的，因為「山在城中，城在山中」的美景而被稱為「山城」，是個歷史悠久，文化燦爛的地方。據記載，明太祖朱元璋在盱眙縣城天鵝湖境內建了御花園，後來的繼位者把他的詩文、聖旨收進這裡作為祖訓。

盱眙縣

TOP PHOTO

西藏位於青藏高原上，首都拉薩被稱為「日光城」。西藏和中原的政權之間很早就有往來。到了明朝，明太祖在西藏地區設置都司、衛所等軍政機構，並冊封當地僧侶為官員來管理藏民。上圖為西藏拉薩布達拉宮廣場。

西藏

相關的地方

鄱陽湖

濠州

位於江西省的鄱陽湖是中國第一大淡水湖，總面積則是中國第二大湖。除了是著名的觀光景點外，鄱陽湖也是水鳥的天堂，棲息著三百多種鳥類，是目前世界上最大的鳥類保護區。元末的鄱陽湖之戰被視為中世紀世界規模最大的水戰，朱元璋在這裡擊敗陳友諒。

濠州，因為濠水而得名的古地名，位置在現在的安徽省鳳陽縣，現在更名為臨淮鎮。古時候的濠州是安徽省四大名鎮之一，並以春秋時代的鍾離古國聞名於世。元末朱元璋就是在這裡跟隨郭子興起義。

洪洞縣 洪洞縣在山西省南部，富有深厚的歷史文化，文物古蹟隨處可見，風景美麗而獨特，由於兼具人文和旅遊資源，有「華人老家」的美名。這裡有棵古大槐樹，又稱洪洞大槐樹，是明朝朱元璋洪武年間移民的遺跡。

洛陽市 河南省洛陽市有四千多年的建城史，是世界上第一個經過統籌規劃的城市，自夏朝開始有十三個王朝以這裡當都城。這裡是中國歷史文化的搖籃之一，孕育出儒、釋、道、玄、理等思想，科舉制度也是在這創建的。洛陽皇覺寺因朱元璋曾在此出家而聞名，現為旅遊勝地。

定遠 安徽定遠縣在古代有「境連八邑，衢通九省」的美稱，是明朝宰相胡惟庸的家鄉。有一年，胡惟庸說他老家的井裡湧出了醴泉，明太祖接受邀請前來觀賞。相傳朱元璋就是在這趟行程中，發現胡惟庸家裡藏著士兵和武器，因此以謀反罪名當天就把他處死，爆發了歷史有名的「胡惟庸案」。

TOP PHOTO

明孝陵

明孝陵是明太祖和馬皇后合葬的陵墓，因為馬皇后死後被稱為「孝慈」，所以取名為孝陵。孝陵位於紫金山，是南京最大的帝王陵墓，也是明初在建築和石刻藝術上最高成就的代表，影響了後來明清兩代帝王陵墓的形式。上圖為明孝陵風景區外觀。

明太祖

　　元朝末年，政治敗壞，貪腐叢生。官員們恣意享樂，任意徵收各種稅賦，人民的生活自然苦不堪言。加上時常有水患，為了治水，元朝政府加重勞役，天災加上人禍，導致百姓無法忍受而引發革命。

　　雖然剛開始的起義都被元朝軍隊掃蕩，但改朝換代的火苗已經點燃，朱元璋順應著這樣的時代潮流，也加入反元的行列。配合這樣的時代環境，加上朱元璋本身非常擅長謀略，後來更有良臣猛將如劉基、徐達、常遇春等人輔佐，朱元璋的崛起有如水到渠成。

　　而提到朱元璋的智謀，從朱元璋剛投入郭子興的軍隊時，其實就可以略窺一二。當時郭子興十分賞識朱元璋，委以重任，命令朱元璋總領他的軍隊。但朱元璋知道自己剛剛加入軍隊，還未獲得其他將領的信任，如果貿然出示郭子興的任命書，容易導致底下將領不服。

　　那麼，朱元璋是怎麼收服人心的呢？朱元璋於是先把自己當成

比視事，剖決如流，眾瞠目不能發一語，始稍稍屈。
議分工覽城，期三日。太祖工竣，諸將皆後。

—《明史·太祖本紀》

小將領，他把握機會，在軍事會議中提出傑出的策略，讓將領們見識到他的才能。而後，他再提議建築防禦工事，約定大家要在三日內完成。結果，朱元璋是所有將領中最早完工的人，其他人都未能完工。朱元璋這時候才出示郭子興的任命書，而各個將領們因此都十分信服朱元璋的能力。

　　從這個事件中，不僅展現了朱元璋洞察全局的縝密心思，行事極具效率。同時，也正反映出朱元璋對下屬的掌控方式——以權謀設計，以威勢掌控。

　　朱元璋會使用計謀去掌控人心，其實也表示他不太信任其他人，甚至是對他忠心耿耿的大將徐達，朱元璋也都曾經對其加以試探。如此強烈的猜忌之心，也可以明白為什麼朱元璋在建國大業完成之後，會有大肆屠戮開國功臣的一連串舉動。

所謂敬天者，不獨嚴而有禮，當有其實。天以子民之任付於君，為君者欲求事天，必先恤民。恤民者，事天之實也。——《明史·太祖本紀》

雖然朱元璋執政的後期大肆屠戮開國功臣，但是撇開這個層面，看看他對於照顧百姓的政策擬定，朱元璋則是始終維持一貫的標準——體恤百姓，減輕負擔，避免擾民。朱元璋甚至經常對自己的大臣們加以告誡，要他們避免濫殺、多體恤百姓。從這一個角度切入，朱元璋可說是一位好皇帝。

從他開始與各個軍閥征戰的期間，朱元璋秉持著每次攻下一處領地時，第一要務就是讓人民休養生息，暫緩兵源招募以及稅賦徵收。等到屬地漸漸富足，才有規劃的對人民進行合理的徵收。

才剛當上了皇帝，朱元璋立刻頒布詔令，表明百姓是無辜的，往後若是將領們進行征戰，嚴禁殺戮虐民。就連原本的元朝皇親國戚，朱元璋也加以保全，不讓將領們肆意報復濫殺。

對於有才德的人士，即便是蒙古人或色目人，朱元璋希望能做到秉公推薦任用。等到正式推翻元朝、收服軍閥勢力一統天下時，朱元璋更全面性的減輕田租稅賦，讓國土中大半的人民都受惠。

朱元璋曾經表明，天子，其實是上天將百姓託付交給國君代為管理。所以要能順應天意成為國君，就必須先體恤百姓。能夠體恤百姓，就不會只有徒具禮儀形式的祭天，而是真真正正的奉行上天的旨意。因此朱元璋心中時時顧念著百姓，即便到了他病重垂危之際，朱元璋所立的遺詔，仍不忘「避免擾民」的原則，諭令交代自己死後舉行國喪，只要進行三天就好。而國喪期間百姓若是有要嫁娶，也不用順延，照常舉行。對於自古以來「君即天命」的無上權威傳統來說，朱元璋這樣的想法與作為，是相當難能可貴。

至於朱元璋為革新元朝腐敗，從抑制豪強變成強化專制統治，整肅吏治變成屠戮功臣，嚴明刑罰變成濫用酷刑，這些都是朱元璋為人詬病的矯枉過正之處。但是瑕不掩瑜，整體來說，朱元璋在歷代君王中仍不失為一位有傑出作為的帝王。

劉基

　　明太祖朱元璋可説是個雄才大略的君主，但是光憑他一個人的力量，是不可能有如此的成就。在他的身後有個偉大的推手，給予朱元璋許多建議與協助，這個將朱元璋推上皇帝寶座的最大功臣就是劉基。

　　劉基小時候就非常聰明，老師曾經對他的父親大力稱讚：「您一定是祖上積德，才生出劉基這孩子。將來他一定可以光宗耀祖！」長大後，劉基開始展露才華，他非常博學多聞，精通經書、史書，更加擅長占星術，號稱沒有看不懂的書籍。西蜀地方名士趙天澤見過劉基後，大為讚賞，直説劉基是當時長江下游偏東方一帶最優秀的人。

　　不僅才華傑出，劉基長相也十分有威嚴，胸襟很開闊。每當談論到天下局勢時，總是正襟危坐，仔細的分析。朱元璋因此非常喜愛劉基，將劉基當成心腹重臣。每次朱元璋和劉基商討國家大事時，

基博通經史，於書無不窺，尤精象緯之學。西蜀趙天澤論江左人物，首稱基，以為諸葛孔明儔也。

——《明史‧劉基傳》

　　總是會支開閒雜人等，和劉基單獨晤談很久。劉基認為這是君主對臣子的重視，也是一種極高的禮遇，於是對朱元璋更加忠心耿耿。

　　也因為博通經書，當朱元璋有無法決定的決策時，總是會詢問劉基的意見。劉基也不忘開導朱元璋，諄諄告誡他治天下須以仁、義為主，知無不言，言無不盡。朱元璋總是耐住性子，恭敬的聽講。而一般民間流傳劉基的事蹟，總是穿鑿附會，多了幾分神怪誌異，這些都是因為劉基擅長天文曆象的緣故。但是劉基真正有所貢獻的，是提供朱元璋在戰事、政治處理上的策略謀畫。朱元璋能在元朝末年陸續消滅張士誠、陳友諒等軍閥，北伐中原，完成帝業，大多都是依照劉基的謀略之故。

基佐定天下，料事如神。性剛嫉惡，與物多忤。至是
還隱山中。惟飲酒弈棋，口不言功。——《明史·劉基傳》

　　朱元璋登基之後，曾經寫信詢問劉基天象如何。劉基每個問題
都回答得十分詳細，但為了不讓其他人知道，信的草稿都加以燒毀。
而這些信件的內容，大多是藉以勸戒朱元璋要施行仁政。劉基以下
大雪之後，過不久春天即將來臨作為比喻，告訴朱元璋在歷經戰亂
之後，終於建立起國家，明朝更有一定的聲勢威望，此時不應再繼
續用嚴苛的法令治國，而該改變用寬大的政策加以休養生息。

　　對於朝政提出建言，劉基總是一針見血。劉基對自己的要求很
嚴格，連帶對其他人也是一樣，他嫉惡如仇，所以免不了和其他大
臣有所衝突，也為自己樹立了許多政敵。當然劉基也知道這樣的狀
況，所以當自己開始身體不適，他便決定藉著年老體弱趁機辭官，
退隱山林，不再理會朝政。悠閒的在山林中過著喝酒下棋的生活，

絕口不提曾經立下的功勞。

　　雖然如此，劉基歸隱後其實還是放心不下國事，一看到有需要提出建言的事情，總是會寫信提醒朱元璋。這樣的行為，終究被過去得罪過的大臣——胡惟庸——抓到機會陷害他。

　　當時，胡惟庸謊稱劉基相中一塊墓地，並穿鑿附會說這塊墓地具有帝王之氣，恐怕將會影響到明朝的國祚。雖然朱元璋並不相信，也不打算責罰劉基，但是劉基仍進京親自向朱元璋澄清並且謝罪。不久，胡惟庸當上宰相，劉基憂憤到加重病情。胡惟庸一直視劉基為心腹大患，一知道劉基重病，便帶著太醫假裝探望病情，實際上卻在劉基的藥方中下毒。一個月後，劉基就病死了。去世前，劉基預言胡惟庸將會作亂，如果預言失準，就是天下百姓的福氣。

　　後來，果真發生了胡惟庸密謀造反的案件，一如劉基的預言。其實，如果當初劉基退隱後，能真的不再理會國家大事，可能就不會遭受陷害，更不會因過度擔憂朱元璋錯用奸臣而憂憤致死。但是由此也可以看出，劉基的胸懷，永遠是以國家大事為念。

胡惟庸

　　在明史當中，胡惟庸被視為奸臣，但仔細從他的列傳來看，胡惟庸初期算是十分勤政的官員。起初，他只是地方知縣，但慢慢的被朱元璋賞識拔擢，一路升官到成為丞相。

　　剛坐上丞相官位時，胡惟庸勵精圖治，對於朱元璋的命令，即使是小細節也都不放過，十分謹慎。胡惟庸辦公的準則，就是依照朱元璋的喜好來處理。胡惟庸數次讓政策推行的結果都能順著朱元璋的意思進行，讓朱元璋更加的寵信胡惟庸，使胡惟庸一個人就當了好幾年的宰相，獨攬大權。

　　但是過了幾年，胡惟庸權力穩固後，對於官員懲處、賞罰，甚至於是否處決，開始不上報朱元璋而自行決定。而原本封存好的奏摺，胡惟庸必先拆開仔細觀看，奏摺中如果有提及自己的過失，或者是危害到自己的報告，往往加以隱匿，不再上呈給朱元璋。

帝以惟庸為才，寵任之。惟庸亦自勵，嘗以曲謹當上
意，寵遇日盛，獨相數歲，生殺黜陟，或不奏徑行。

—《明史·胡惟庸傳》

在當時唯一可威脅到胡惟庸的人物，大概就只有劉基吧！畢
竟，朱元璋最信任的人，就是劉基，原本丞相的人選，也是劉基。
只不過劉基不願繼續為官，後來才讓胡惟庸當上丞相。劉基尚未退
隱前其實也曾力勸朱元璋不可重用胡惟庸，只可惜朱元璋沒有聽進
去。胡惟庸對這件事當然耿耿於懷。正因為如此，當胡惟庸權勢如
日中天時，趁著朱元璋指派他帶著太醫去為劉基診斷的機會，在太
醫所開的藥方中偷偷下毒。劉基不知道藥方被動過手腳，服用後沒
多久時間，就去世了。

此時，胡惟庸正式成為朱元璋最寵信的官員。這是胡惟庸獲得
大權的時刻。但或許是他鋒芒太露，或是太急著想掌權，引起朱元
璋的不快，為自己日後的政治之路埋下了禍根。

其定遠舊宅井中，忽生石筍，出水數尺，諛者爭引符瑞，又言其祖父三世塚上，皆夜有火光燭天。惟庸益喜自負，有異謀矣。——《明史·胡惟庸傳》

　　胡惟庸享受著被權力包圍的時候，他在定遠的老家傳出有異象發生。在老家的井裡面，忽然長出數尺的石筍，冒出水面。而在祖墳上，夜晚時又無端出現明亮的火光。阿諛奉承胡惟庸的人，都爭相向他道賀這是祥瑞之兆，必有好事發生！但是胡惟庸已經坐上丞相之位，除了進一步稱王之外，還有什麼能稱得上是祥瑞之兆？

　　根據《明史》記載，胡惟庸在家中發生異象之後開始著手進行謀反準備。剛好有兩位將軍陸仲亨、費聚因為辦事不力，被朱元璋懲處。兩位將軍提心吊膽，深怕更嚴重的責罰降臨。胡惟庸便趁機找來這兩位將軍，鼓動他們加入謀反的行列，負責幫胡惟庸在外地暗中招兵買馬。

　　沒想到因為胡惟庸的的兒子墜馬意外死亡，讓謀反事蹟敗露。原來胡惟庸盛怒下殺死了駕駛馬車的車夫。朱元璋對胡惟庸的濫殺

十分生氣，要嚴懲胡惟庸。胡惟庸害怕朱元璋繼續追查這個案子，將使暗中策畫的謀反曝光，於是祕密聚集御史大夫陳寧、御史中丞涂節兩人規劃提前謀反。

而御史中丞涂節懼怕朱元璋的威勢，也認為胡惟庸謀反會失敗，於是決定向朱元璋密告胡惟庸謀反的意圖及內容，希望可以換取免罪的結果。朱元璋知道這件事後，怒不可遏，立刻徹查並拘提胡惟庸。在事證確鑿之下，胡惟庸被處死。因為這個事件，朱元璋不再信任下屬，廢除丞相官職，由皇帝獨攬大權，並對官員們高壓統治，開啟屠戮功臣的序幕。

雖然史書明確記錄了胡惟庸謀反的過程，但是後來的史學家認為當中存在許多矛盾之處。更巧的是，胡惟庸謀反案的結果，導致明朝功臣幾乎全受牽連被朱元璋誅殺殆盡。這些矛盾與巧合，表現出胡惟庸或許只是朱元璋用來誅殺功臣的一顆棋子，而並非如《明史》所言有謀反之意。但事實的真相，已經埋沒在歷史洪流之中，無法下定論。

徐達

　　如果只有謀略，而沒有善於帶兵之人，那麼再好的計策也都無用武之地。征戰天下，名將是不可或缺的必備良藥。徐達和常遇春，正是朱元璋攻城掠地的萬靈丹。

　　徐達與常遇春都是朱元璋手下的猛將，但不同的地方是，常遇春雖善戰，但在帶兵及軍紀控管方面，則比不上徐達。常遇春攻克城池之後，他的下屬會殺死無辜的平民百姓，或是處決俘虜。可是徐達所征服的城池，則不會有任何擾民的行為。甚至是對於敗軍之將，或是敵方派遣來的間諜，徐達都是採用以德服人的手段，施以恩惠，曉以大義，然後，再將這些人才收編到自己的軍隊裡面。也因為徐達總是善待他的下屬，將領、士兵總是樂意為徐達賣命。

　　在軍閥混戰期間，徐達和常遇春遭逢陳友諒的軍隊，運用計謀埋伏大勝。戰勝之後，俘虜陳友諒軍隊三千名士兵。常遇春認為陳友諒是勁敵，能將他軍隊的士兵多殺幾位，就是減少了自己軍隊未來可能遭遇到的威脅性。而徐達卻堅持要保全俘虜的性命，並且上書朱元璋，希望可以避免濫殺。常遇春於是趁半夜對這三千名俘虜

遇春下城邑不能無誅僇，達所至不擾，即獲壯士與
諜，結以恩義，俾為己用。由此，多樂附大將軍者。

——《明史·徐達傳》

進行處決，殺死了超過半數的俘虜。徐達知
道後，盡力救回剩下的俘虜，讓他們免於被
處決。後來這些被救回的俘虜，都成為徐達
的士兵，更在對陳友諒的戰役中，協助徐達
大勝陳友諒的軍隊。

　　類似的降服人心，轉為徐達助力的事
蹟，屢見不鮮。因此，朱元璋對其他將領們
公開讚賞徐達，也希望將領們可以以徐達為
榜樣，管理好各自的部隊，維持良好的軍紀，
打勝仗又能讓敵方的良才誠心歸順，轉為自
己效力賣命。由此可見，徐達在統率軍隊上，
可以說是朱元璋麾下的第一把交椅，也是協
助朱元璋完成統一大業，建立明朝不可或缺
的功臣之一。

65

受命而出，成功而旋，不矜不伐，婦女無所愛，財寶無所取，中正無疵，昭明乎日月，大將軍一人而已。

——《明史·徐達傳》

　　徐達帶兵非常有一套，至於帶兵以外的部分，徐達是否也一樣傑出呢？

　　徐達是個思慮縝密的人，對於軍隊的要求，就是軍令如山，一切精準到位。公布下去的命令，不會再公布第二次，也不會有所變更。雖然嚴明，但又不會不近人情。徐達對於下屬，也能夠體察他們長期從軍的鬱悶，總會以適當的方式安慰、紓解士兵們的壓力。並且在生活起居方面，雖然他貴為將軍，卻能做到不分階級，和士兵們同甘共苦。因此眾將士都十分愛戴徐達。朱元璋在評點諸位開國大將時，發現唯有徐達在戰勝之後，不貪圖女色、不掠奪珍寶、不擾民、不以戰功驕傲，十分難得。

此外，徐達在官場的分寸上，也拿捏得十分恰當。不像其他恃寵而驕的將領，徐達盡力避免自己功高震主。要知道朱元璋不是個心胸寬廣的帝王，對於功臣，總是擔心他們哪一天會對自己不利。所以儘管像徐達這麼為國盡忠，朱元璋也曾經對他加以試探。

有一次，朱元璋帶徐達到自己以前的居所，君主兩人一同喝酒。朱元璋將徐達灌醉後，替徐達蓋棉被，更把他抬到主臥房的床上休息。這並不是朱元璋體恤徐達，而是要測試徐達。如果徐達不以為意，等於是不介意皇帝服侍臣子，那就是大逆不道！

可是，徐達酒醒之後，連忙到朱元璋面前謝罪，不斷的大喊自己讓皇帝勞煩，罪該萬死。朱元璋當然對於徐達這樣的反應非常高興，此後對於徐達的戒心減低不少。由此可知徐達是個心思細膩之人，而他對朱元璋的了解，也為自己解除了危機。

徐達終其一生都堅守這樣的原則，對待士兵如同親友，行軍打仗軍紀嚴明，攻克城池時又體恤居民，回到官場上恪守本分，不驕矜，也不結黨營私。也正因如此，徐達成為朱元璋口中的模範將軍。

當明太祖的朋友

或許你曾聽過有個小癩痢頭成為皇帝的故事，但是你可能沒想到，這個故事的主角，就是鼎鼎有名的明太祖朱元璋。到底朱元璋有什麼過人之處，讓他可以從一個小小的牧牛童，一路做了和尚、加入軍隊，最後成為推翻元朝、統一天下的明朝開國皇帝呢？

其實朱元璋有兩個法寶，就是清晰的頭腦，還有一顆體恤人民的心。從他決定加入軍隊，對抗元朝的暴政開始，這兩項法寶就幫著他一路過關斬將。清晰的頭腦幫助他釐清事情的輕重緩急，加上他也善於觀察人心與局勢，所以才能從一片混亂的局面中，找到自己的定位，站穩自己的腳步。從郭子興身邊的小小兵，獲得重用，成為獨當一面的將領。

而更因為他有著一顆仁愛之心，在攻城掠地之後，總是以最不傷害人民的方式來安撫接收這些百姓；甚至在當上皇帝之後，他也能不忘初衷，記得自己當初加入軍隊和成為皇帝，其實都是為了想要改善人民的生活環境。所以一上位之後，他所推行的每個政策都是以創造百姓最大的福祉來設想出發。你想想，這樣一個聰明又有仁心的皇帝，百姓怎麼可能不愛戴他呢？

可能有時候我們在跟朋友相處交往的過程中，或是在求學、工作上會遇到一些阻礙。這時候不妨想想朱元璋吧！想想他是怎麼冷靜分析情勢解決問題的？想想他又是如何用仁愛之心讓大家心服口服的？再想想如果跟他後來一樣，只會猜忌別人、用強迫暴力的手段會有好結果嗎？藉由朱元璋這個朋友，相信你一定能從他身上學到更有智慧的方式，來克服所有的阻礙。

我是大導演

看完了明太祖的故事之後，
現在換你當導演。
請利用紅圈裡面的主題（勤政），
參考白圈裡的例子（例如：愛民），
發揮你的聯想力，
在剩下的三個白圈中填入相關的詞語，
並利用這些詞語畫出一幅圖。

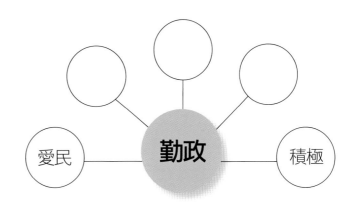

◎ 少年是人生開始的階段。因此，少年也是人生最適合閱讀經典的時候。

　　因為，這個時候讀經典，可以為將來的人生旅程準備豐厚的資糧。

　　因為，這個時候讀經典，可以用輕鬆的心情探索其中壯麗的天地。

◎ 【經典少年遊】，每一種書，都包括兩個部分：「繪本」和「讀本」。

　　繪本在前，是感性的、圖像的，透過動人的故事，來描述這本經典最核心的精神。

　　小學低年級的孩子，自己就可以閱讀。

　　讀本在後，是理性的、文字的，透過對原典的分析與說明，讓讀者掌握這本經典最珍貴的知識。

　　小學生可以自己閱讀，或者，也適合由家長陪讀，提供輔助說明。

001 黃帝　遠古部落的共主
The Yellow Emperor:The Chieftain of Ancient Tribes

故事／陳昇群　原典解說／陳昇群　繪圖／BIG FACE

遠古的黃河流域，衰弱的炎帝，無法平息各部族的爭戰。在一片討伐、互鬥的混亂局勢裡，有個天生神異，默默修養自己的人，正準備崛起。他，就是中華民族共同的祖先，黃帝。

002 周成王姬誦　施行禮樂的天子
Ch'eng of Chou:The Establishment of Chinese Etiquette

故事／姜子安　原典解說／姜子安　繪圖／簡漢平

年幼即位的周成王，懷抱著父親武王與叔叔周公的期待，與之後繼位的康王，一同開創了「成康之治」。他奠定了西周的強盛，開啟了五十多年的治世。什麼刑罰都不需要，天下無事，安寧祥和。

003 秦始皇　野心勃勃的始皇帝
Ch'in Shih Huang:The First Emperor of China

故事／林怡君　原典解說／林怡君　繪圖／LucKy wei

綿延萬里的長城、浩蕩雄壯的兵馬俑，已成絕響的阿房宮……這些遺留下來的秦朝文物，代表的正是秦始皇的雄心壯志。但是風光的盛世下，卻是秦始皇實行暴政的證據。他在統一中國時，也斷送了秦朝的前程。

004 漢高祖劉邦　平民皇帝第一人
Kao-tsu of Han:The First Peasant Emperor

故事／姜子安　故事／姜子安　繪圖／林家棟

他是中國第一個由平民出身的皇帝，為什麼那麼多人都願意為他捨身賣命？憑什麼他能和西楚霸王項羽互爭天下？劉邦是如何在亂世中崛起，打敗項羽，成為漢朝的開國皇帝？

005 王莽　爭議的改革者
Wang Mang:The Controversial Reformer

故事／岑澎維　原典解說／岑澎維　繪圖／鍾昭弋

臣民都稱呼他為「攝皇帝」。因為他的實權大大勝過君王。別以為這樣王莽就滿足了，他覬覦的可是真正的君王寶位。於是他奪取王位，一手打造全新的王朝。他的內心曾裝滿美好的願景，只可惜最終變成空談。

006 北魏孝文帝拓跋宏　民族融合的推手
T'o-pa Hung:The Champion of Ethnic Melting

故事／林怡君　原典解說／林怡君　繪圖／江長芳

孝文帝來自北魏王朝，卻嚮往南方。他最熱愛漢文化，想盡辦法要讓漢兩族的隔閡減少。他超越了時空的限制，不同於一般君主的獨裁專制，他的深思遠見、慈悲寬容，指引了一條民族融合的美好道路。

007 隋煬帝楊廣　揮霍無度的昏君
Yang of Sui:The Extravagant Tyrant

故事／劉思源　原典解說／劉思源　繪圖／榮馬

楊廣從哥哥的手上奪走王位，成為隋煬帝。他也從一個父母眼中溫和謙恭的青年，轉而成為嚴格殘酷的帝王。這個任意妄為的皇帝，斷送了隋朝的未來，留下昭彰的惡名，卻也樹立影響後世的功績。

008 武則天　中國第一女皇帝
Wu Tse-t'ien:The only Empress of China

故事／呂淑敏　原典解說／呂淑敏　繪圖／麥震東

她不只想當中國第一個女皇帝，她還想開創自己的朝代，把自己的名字深深的刻在歷史的石碑上。她還想改革政治，找出更多人才為國家服務。她的膽識、聰明與自信，讓她註定留名青史，留下褒貶不一的評價。

◎ 【經典少年遊】，我們先出版一百種中國經典，共分八個主題系列：

詩詞曲、思想與哲學、小說與故事、人物傳記、歷史、探險與地理、生活與素養、科技。

每一個主題系列，都按時間順序來選擇代表性的經典書種。

◎ 每一個主題系列，我們都邀請相關的專家學者擔任編輯顧問，提供從選題到內容的建議與指導。

我們希望：孩子讀完一個系列，可以掌握這個主題的完整體系。讀完八個不同主題的系列，

可以不但對中國文化有多面向的認識，更可以體會跨界閱讀的樂趣，享受知識跨界激盪的樂趣。

◎ 如果說，歷史累積下來的經典形成了壯麗的山河，那麼【經典少年遊】就是希望我們每個人

都趁著年少，探索四面八方，拓展眼界，體會山河之美，建構自己的知識體系。

少年需要遊經典。

經典需要少年遊。

009 唐玄宗李隆基　盛唐轉衰的關鍵
Hsuan-tsung of T'ang:The Decline of the T'ang Dynasty
故事／呂淑敏　原典解說／呂淑敏　繪圖／游峻軒

他開疆闢土，安內攘外。他同時也多才多藝，愛好藝術音樂，還能譜曲演戲。他就是締造開元盛世的唐玄宗。他創造了盛唐的宏圖，卻也成為國勢衰敗的關鍵。從意氣風發，到倉皇逃難，這就是唐玄宗曲折的一生。

010 宋太祖趙匡胤　重文輕武的軍人皇帝
T'ai-tsu of Sung:The General-turned-Scholar Emperor
故事／林哲璋　原典解說／林哲璋　繪圖／劉育琪

從黃袍加身到杯酒釋兵權，趙匡胤抓準了時機，從軍人成為實權在握的開國皇帝。眼見藩鎮割據的五代亂象，他重用文人，集權中央。他開啟了平和的大宋時期，卻也為之後的宋朝埋下被外族侵犯的隱憂。

011 宋徽宗趙佶　誤國的書畫皇帝
Hui-tsung of Sung:The Tragic Artist Emperor
故事／林哲璋　原典解說／林哲璋　繪圖／林心雁

他不是塊當皇帝的料，玩物喪志的他寧願拱手讓位給敵國，只求能夠保全藝術珍藏。宋徽宗的多才多藝，以及他的極致享樂主義，都為我們演示了一個富有人格魅力，一段段充滿人文氣息的小品集。

012 元世祖忽必烈　草原上的帝國霸主
Kublai Khan:The Great Khan of Mongolia
故事／林安德　原典解說／林安德　繪圖／AU

忽必烈──草原上的霸主！他剽悍但不霸道，他聰明而又包容。他能細心體察冤屈，揚善罰惡；他還能珍惜人才，廣聽建言。他有著開闊的胸襟和寬廣的視野，這個馳騁草原的霸主，從馬上建立起一塊遼遠的帝國！

013 明太祖朱元璋　嚴厲的集權君王
Hongwu Emperor:The Harsh Totalitarian
故事／林安德　原典解說／林安德　繪圖／顧珮仙

從一個貧苦的農家子弟，到萬人臣服的皇帝，朱元璋是怎麼辦到的？他結束了亂世，將飽受戰亂的國家，開創另一個新局？為什麼歷史評價如此兩極，既受人推崇，又遭人詬病，究竟他是一個好皇帝還是壞皇帝呢？

014 清太祖努爾哈赤　滿清的奠基者
Nurhaci:The Founder of the Ch'ing Dynasty
故事／李光福　原典解說／李光福　繪圖／蘇偉宇

要理解輝煌的清朝，就不能不知道為清朝建立基礎的努爾哈赤。他在明朝的威脅下，統一女真部落，建立後金。當他在位時期，雖然無法成功消滅明朝，但是他的後人創立了清朝，為中國歷史開啟了新的一頁。

015 清高宗乾隆　盛世的十全老人
Ch'ien-lung:The Great Emperor of the Golden Age
故事／李光福　原典解說／李光福　繪圖／唐克杰

乾隆在位時期被稱為「康雍乾盛世」，然而他一方面大興文字獄，一方面還驕傲的想展現豐功偉業，最終讓清朝國勢日漸走下坡。乾隆讓我們看到了輝煌與鼎盛，也讓我們看到盛世下的陰影，日後的敗因。

經典
少年遊

youth.classicsnow.net

013
明太祖朱元璋　嚴厲的集權君王
Hongwu Emperor
The Harsh Totalitarian

編輯顧問（姓名筆劃序）
王安憶　王汎森　江曉原　李歐梵　郝譽翔　陳平原
張隆溪　張臨生　葉嘉瑩　葛兆光　葛劍雄　鄭培凱

故事：林安德
原典解說：林安德
繪圖：顧珮仙
人時事地：洪嘉君

編輯：張瑜珊　張瓊文　鄧芳喬
美術設計：張士勇
美術編輯：顏一立
校對：陳佩伶

企畫：網路與書股份有限公司
出版者：大塊文化出版股份有限公司
台北市10550南京東路四段25號11樓
www.locuspublishing.com
讀者服務專線：0800-006689
TEL：+886-2-87123898
FAX：+886-2-87123897
郵撥帳號：18955675
戶名：大塊文化出版股份有限公司
法律顧問：全理法律事務所董安丹律師

總經銷：大和書報圖書股份有限公司
地址：新北市新莊區五工五路2號
TEL：+886-2-8990-2588
FAX：+886-2-2290-1658
製版：沈氏藝術印刷股份有限公司

初版一刷：2013年2月
定價：新台幣299元